Margot Scheffold

Leselöwen
Internetgeschichten

Zeichnungen von Anne Wöstheinrich

Loewe

Bibliografische Information Der Deutschen Bibliothek
Die Deutsche Bibliothek verzeichnet diese Publikation in der
Deutschen Nationalbibliografie; detaillierte bibliografische Daten
sind im Internet über *http://dnb.ddb.de* abrufbar.

*Der Umwelt zuliebe ist dieses Buch auf
chlorfrei gebleichtem Papier gedruckt.*

ISBN 3-7855-3948-7 – 1. Auflage 2003
© 2003 Loewe Verlag GmbH, Bindlach
Umschlagillustration: Anne Wöstheinrich
Gesamtherstellung: L.E.G.O. S.P.A., Vicenza
Printed in Italy

www.loewe-verlag.de

Inhalt

SOS für Daddy

„Jan?"

Florians Mutter steckte den Kopf zur Tür herein und sah nach, was die beiden Freunde gerade machten. Sie saßen am Computer. Frau Berger musste schmunzeln. An Floris PC hatten die Kinder sich zu echten Internet-Profis entwickelt. Jan hatte keinen eigenen Computer. Trotzdem war er in Sachen Internet ziemlich fit, denn bei seinem Freund hatte er sich eine Menge abgeguckt. Kein Wunder, dass er täglich zum Hausaufgabenmachen zu Flori kam! Frau Berger musste aufpassen wie ein Luchs, dass er sich rechtzeitig losriss und nach Hause ging.

„Jan, deine Eltern warten mit dem Abendessen!", erinnerte sie ihn. Jan seufzte, aber es half ja nichts. Er zog sich das Baseball-Cap über die Igelfrisur, schwang sich den Rucksack über die

Schulter und trabte los. Zu dumm, dass sein Daddy so stur war! Mama würde ihm ja einen Computer kaufen, aber Daddy blieb eisern: „Sobald du online bist, spielst du nur noch herum und vergisst die Hausaufgaben. Ende der Diskussion: Mir kommt kein Computer ins Haus."

Dabei wusste Jan nur zu genau, was er im Netz nutzen würde: Lernseiten als Hausaufgabenhilfe und ein paar „Hits für Kids" zur Entspannung. Aber nein – Daddy blieb hart.

Jan war richtig sauer, als er zu Hause ankam. Er pfefferte seinen Rucksack in die Garderobe, das Cap flog hinterher. Als er jedoch zum Abendbrottisch stürmen wollte, legte er eine Vollbremsung aufs Parkett. Daddy saß am Tisch, stützte den Kopf in seine Hand und war vollkommen zerzaust. Auweia, das sah nicht nach guter Laune aus!

„Jan", fing er auch schon an, „weißt du, was? Mein neuer Chef braucht

Informationen über alle Speditionen in der
Umgebung – und ich soll sie ihm
besorgen. Bis morgen! Ist das nicht
verrückt?"

„Nö!", sagte Jan fröhlich. „Im Internet
findest du so was ganz schnell."

Daddy stöhnte: „Leider haben wir keinen
PC zu Hause, das weißt du ganz genau."

Jan grinste. „Daddy, lass das Essen
stehen und komm mal mit", kommandierte
er. Seiner verdutzten Mutter rief er zu:
„Wir sind gleich wieder da!"

Seinen Vater im Schlepptau, lief er kurz
darauf bei seinem Freund Florian ein.

„SOS für meinen Daddy", grinste er Frau Berger an, als sie die Tür öffnete. „Darf ich nochmal an Floris PC?"

Das war natürlich kein Problem. Auch die Probleme von Jans Vater lösten sich bald in Luft auf, als Jan die nötigen Informationen aus dem Netz heraussuchte: Suchmaschine anklicken, Stichwort eingeben, „Los"-Knopf drücken, fertig. Die besten Ergebnisse druckte Jan aus und überreichte sie mit einem breiten Grinsen seinem Vater.

Daddy hatte verstanden. „Danke, Jan", sagte er. „Das war eine reife Leistung – und ich war schief gewickelt. Morgen besorge ich uns einen PC mit Internet-Zugang. Gibst du mir dann Nachhilfe?"

Jan lachte: „Alles klar. SOS-Ruf angekommen!"

Dino trifft T-Rex

Wahnsinn! Tina muss erst mal durch-atmen. Die Internet-Seiten, die ihr Martin vom Drachenbau-Laden empfohlen hat, sind gigantisch! Bunt, fröhlich, mit Fotos, kleinen Filmen, Musik – und randvoll mit Informationen über Lenkdrachen.

Tina ist Lenkdrachen-Fan, seit sie zu ihrem Geburtstag einen „Flugsaurier" bekommen hat. Leuchtend lila ist der Dino, mit dem die straff gespannte Folie ihres Lenkdrachens bedruckt ist. Wenn sie ihn aufsteigen und durch die Luft gleiten lässt, sieht es aus, als gehe Fred Feuer-steins Haustier Gassi – hoch oben am Himmel.

Leider kennt Tina niemanden, der ihre Begeisterung teilt. Nur Martin, der Lenk-drachen verkauft und repariert. Martin ist in Ordnung, aber kein richtiger Freund. Dazu ist er einfach zu alt – und außerdem ein Mann! Tina reichen schon die Jungs in

der Schule. Am schlimmsten ist einer aus
der Parallelklasse. Dass er ausgerechnet
Tino heißt, macht die Sache auch nicht
besser. Im Gegenteil. „Tina + Tino"
kritzeln ihre Freundinnen mit Kreide auf
den Schulhof und kichern. Und Tina
reagiert prompt. Fuchsteufelswild schreit
sie jedes Mal: „Lasst mich bloß mit *dem* in
Ruhe! Ihr spinnt ja!"
    Aber über den Lenkdrachen-Seiten im

Internet vergisst sie jeden Ärger in der
Schule. Begierig klickt sie ein Modell nach
dem anderen an und holt es sich groß auf
den Monitor. Es gibt die tollsten Formen:
Hubschrauber, fliegende Gummibärchen
und Rennautos. Sogar ein mehrstöckiges
Haus ist dabei. Und ein Walfisch.

   Im Chat gibt es außerdem die Möglich-
keit, andere Drachenlenker kennen zu
lernen. Tina klickt sofort hinein – und

schnappt nach Luft. „T-Rex" nennt sich einer der Teilnehmer. Dabei hat sie sich eben selbst den Spitznamen „Dino" reserviert.

„Dino betritt den Raum", meldet der Chat. Und „T-Rex" reagiert: „Hallo, Dino! Sag bloß, dein Drache ist auch ein Saurier?"

„Klar! Deiner auch?", tippt Tina.

„Ein himmelblauer Tyrannosaurus Rex – und er fliegt super!", kommt die Antwort.

„Wo lässt du ihn steigen? Wo wohnst du überhaupt?", will Tina wissen. Die Antwort lässt sie jubeln: „Ich wohne in München. Mein T-Rex ist Herr der Lüfte über der Panzerwiese."

„Panzerwiese? Da war ich noch nie, obwohl ich auch in München wohne", schreibt Tina zurück.

Und ihr Gegenüber reagiert: „Komm doch morgen Nachmittag. Dino trifft T-Rex, o. k.?"

„O. k.", antwortet Tina und fügt schnell noch ein Smiley hinzu: „:-)"

Am nächsten Tag kann sie gar nicht schnell genug aus der Schule flitzen. Sollen Tino und die anderen doch machen, was sie wollen! Sie hat etwas viel Besseres zu tun, als mit denen zu streiten.

Auf zur Panzerwiese!

Dort steht sie eine ganze Weile herum wie bestellt und nicht abgeholt. Kein T-Rex weit und breit! Schließlich passiert das Dümmste, was überhaupt passieren kann: Tino stapft durchs Gras.

„Was willst du denn hier?", faucht Tina ihn an. „Hau bloß ab, du!"

„Mit dir red ich doch gar nicht", brummt Tino und stellt ein Paket ab, das er unter dem Arm hatte. Als er es ausbreitet, stockt Tina einmal mehr der Atem. Es ist ein T-Rex!

Fassungslos holt sie ihren Dino aus der Schutzhülle und legt ihn daneben. Tino stöhnt. Sie schweigt. Plötzlich müssen beide lachen. In Windeseile machen sie ihre Lenkdrachen flugfertig.

Kurz darauf kreisen Dino und T-Rex gemeinsam am Himmel. Es sieht aus, als ob sie tanzen.

Rettet Idefix!

Das Pony schnaubt leise, als es mit seinen dicken, weichen Lippen über Julias ausgestreckte Hand fährt.

„Na, Idefix, der Zucker hat dir geschmeckt, stimmt's?", fragt sie – und muss lachen. Der Apfelschimmel bläst ihr warme Luft in die Hand. „Das kitzelt!", ruft Julia, aber sie weiß, was Idefix will: einen Apfel. Wie immer hatte sie einen in die Jackentasche gesteckt, als sie zur Reithalle ging. Jetzt präsentiert sie ihn ihrem Liebling. Und Idefix beißt hinein, dass es nur so kracht.

„Mit solchen Leckerbissen wird dir der Abschied von hier richtig leicht fallen, Idefix", tönt es plötzlich von hinten.

Julia fährt herum. Sonja, die Pferdepflegerin, sieht sie freundlich an.

„Was redest du da?", faucht Julia. „Wieso soll Idefix weg? Er ist das beste Pony der Welt!"

„Das war er mal, Julia", antwortet Sonja, „– als du hier angefangen hast. Inzwischen ist er zu alt und zu schwach für ein Schulpferd. Hast du nicht gemerkt, wie schnell er außer Puste ist?"

Natürlich hat Julia das bemerkt, doch weil sie Idefix liebt, lässt sie ihn nur Schritt gehen. Das macht er gerne. Außerdem können sie sich so am besten unterhalten. Sie erzählt ihm von der Schule, und er spitzt die Ohren. Ab und zu dreht er den Kopf zurück und schaut sie aus großen, dunklen Augen an.

„Idefix darf nicht fort!", ruft sie wütend. „Er muss hier bleiben! Alle Kinder lieben ihn – und er liebt uns. Was soll überhaupt aus ihm werden?"

Sonja hebt die Schultern. Julia reicht's. Sie rast mit ihrem Fahrrad davon. Völlig außer Atem kommt sie zu Hause an.

„Wie Idefix", denkt sie. „Er ist einfach zu viel herumgaloppiert – und jetzt soll er weg, nur weil er müde ist!"

Aufgebracht erzählt sie ihrem Bruder die schlimme Neuigkeit. Tom sitzt am Computer und chattet. Als seine kleine Schwester loslegt, verabschiedet er sich aus dem Chat und hört ihr aufmerksam zu.

Denn Julia hat eine Idee. „Tommi, du musst mir helfen! Ich glaube, wir können Idefix retten."

Als Frau Niemann nach Hause kommt, findet sie die Geschwister zu ihrer Überraschung einträchtig vor Toms Computer vor. Ein Blick über die Schultern der beiden genügt: Sie surfen im City-Net, dem Internet-Auftritt ihrer Stadt. Vielmehr schreiben sie gerade eine E-Mail an den Betreiber der Seite.

„Was habt ihr denn vor?", fragt ihre Mutter.

Julia strahlt: „Wird nicht verraten! Morgen kannst du's sehen."

Am nächsten Morgen führt Julias erster Gang nicht ins Bad, sondern an den Computer. Als sich die Startseite des City-Net langsam aufbaut, stößt sie einen Schrei aus: „Tommi, Mama, Papa! Schnell!" Die ganze Familie stürmt ins Zimmer. Und alle sehen dasselbe auf dem Bildschirm: Rot umrandet, prangt auf der Einstiegsseite des City-Net ein Aufruf: „Rettet Pony Idefix!" Darunter wird die bedrohliche Lage des Ponys erklärt. Und ganz am Schluss steht: „Diese Informationen erhielten wir von Tom und Julia Niemann."

Die Rettungsaktion ist das Tagesgespräch – nicht nur an Julias Schule und bei Toms Freunden. Nein, jeder, der über das City-Net ins Internet kommt, liest den Aufruf. Und das ist die halbe Stadt!

Zwei Tage später blinkt ein kleiner Postkasten auf Toms Bildschirm. Eine Mail ist angekommen – von der Redaktion des City-Net!

„Gratuliere!", lautet die erste Zeile.

Zusammen mit Julia liest Tom weiter: „Unser Aufruf hatte Erfolg:

Ein kleiner Märchenpark, nicht weit von hier, möchte Idefix aufnehmen. Der Besitzer schreibt, er hätte gern ein liebes Pony, das kleine Kinder vorsichtig durch den Märchenwald trägt. Idefix, der Kinderliebling, scheint ihm dafür ideal. Er wird ihn kaufen."

An dieser Stelle fallen sich Tom und
Julia jubelnd um den Hals. Doch die Mail
ist noch nicht zu Ende. Da steht noch was:
„Ihr beide dürft Idefix besuchen. Und das
heißt: Freier Eintritt im Märchenpark –
sooft ihr wollt!"

Rapper unter sich

Basti muss lächeln, als er den PC einschaltet. Wenn Mami wüsste, dass man im Internet auch Musik hören kann! Nicht nur Musicals und Tenöre – die würde sie sich sogar selbst anhören. Nein, für ihn ist Deutsch-Rap das Größte. Mami ist da anderer Meinung. Seit sie ihm zum Geburtstag eine CD seiner Lieblings-gruppe geschenkt hat und der Sprech-gesang tagaus, tagein die Wohnung beschallt, ist sie ziemlich ungnädig.

„Grauenvoll!", urteilt sie. „Die können ja gar nicht richtig singen. Und dass die Texte sich reimen – mein Gott, so toll sind die Gedichte nun auch wieder nicht."

Basti sieht das anders. Als die neue CD seiner Gruppe herauskommt, hört er sich Auszüge davon im Internet an. Auf geschenkte Rap-CDs braucht er nun ja nicht mehr zu hoffen. Immerhin: Die Homepage der Jungs ist klasse. Kurze Videoclips, Auszüge aus der neuen CD, ein Titelverzeichnis, Tourneedaten – alles, was ein Fan braucht!

Doch Basti interessiert sich für etwas ganz anderes. Der Live-Chat der Band ist das Beste an der Seite. Hier kann man sich mit anderen Fans austauschen. Wenn man Glück hat, lernt man dabei wirklich nette Leute kennen.

Die Netteste von allen ist Sina. Im Allgemeinen findet Basti Mädchen zwar eher doof, doch Sina ist etwas Besonderes. Erstens hat sie denselben Musikgeschmack wie er. Das ist schon etwas. Zweitens ist sie Computerfreak.

Das ist noch viel besser. Und drittens ist
sie überhaupt ganz super – und sieht
auch so aus. Das weiß er von dem Foto,
das Sina ihm gemailt hat. Leider wohnt sie
in Berlin, und das ist ziemlich weit weg.
Trotzdem schaffen es die beiden, in
Kontakt zu bleiben. Alle paar Tage
tauschen sie ausführliche E-Mails aus.
Und nachmittags treffen sie sich meist im
Rap-Chat.

Sina will Rapperin werden und übt schon eifrig das Texten. Gestern hat sie ihm einen Probetext gemailt:

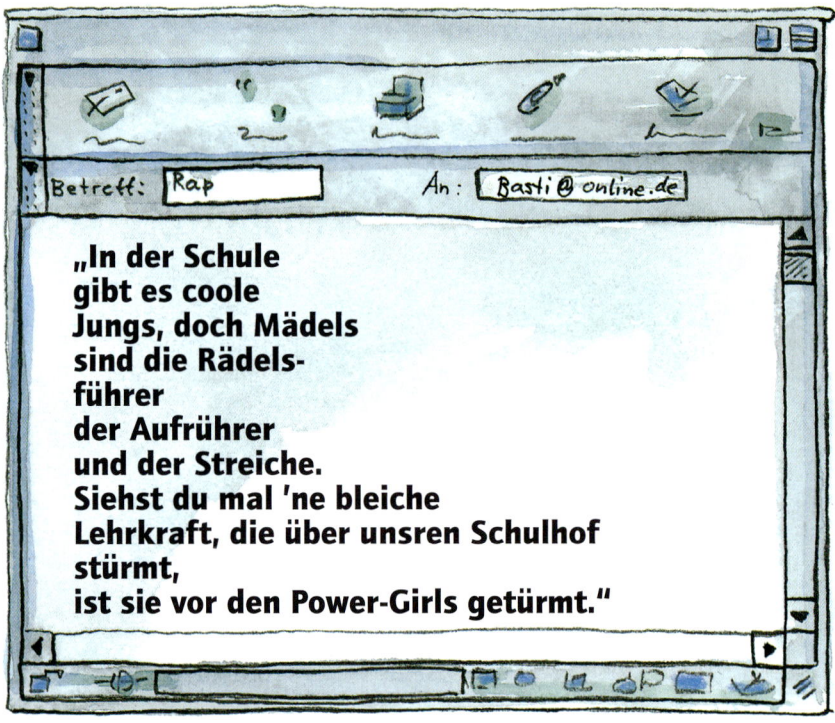

Betreff: Rap   An: Basti@online.de

„In der Schule
gibt es coole
Jungs, doch Mädels
sind die Rädels-
führer
der Aufrührer
und der Streiche.
Siehst du mal 'ne bleiche
Lehrkraft, die über unsren Schulhof
stürmt,
ist sie vor den Power-Girls getürmt."

Basti ist begeistert. Als er den Chat anklickt, sieht er sofort, dass Sina schon da ist.

„Hallo, Sina!", tippt er.

Als Antwort kommt ein fröhliches „Hi! :-))"

„Oh, Doppelgrins – geht's dir gut?"

„Super! Ich habe eine Überraschung für dich ..."

„Was denn?"

„Später."

„Hmmmm. Na gut", antwortet Basti und fügt ein Smiley an, das den Mund schmollend nach unten zieht, aber immerhin mit einem Auge zwinkert: „;-)"

„Ich wollte dir sowieso erst sagen, dass ich deinen Rap-Text super finde. Wenn die Power-Girls ihre erste CD rausbringen, denk bitte daran, eine Homepage mit Musik ins Internet zu stellen. Für die, die sich keine CD kaufen können."

„Oh, danke!! :-) :-)) :-)))"

„Du hörst ja gar nicht mehr auf zu grinsen. Was ist denn los?"

„Tja, hier kommt meine Über-ra-schung: Meine Eltern fahren im Urlaub an die Nordsee – und da kommen wir auch an Hamburg vorbei!"

„... ... ..."

Basti ist platt. Ihm fällt nichts mehr ein. Doch halt: „Wann denn?"

„Morgen geht's los. Mailst du mir einen Treffpunkt?"

„... :-) ..." ist alles, was Basti noch zu Wege bringt: schweigen und grinsen. Ach was: Doppelgrins!! Dreifachgrins!!! Ein Smiley mit vielen, vielen Grinsmündern ist jetzt angesagt, ein „:-)))))))". Mindestens!

Er verlässt den Chat und ruft sein Mailprogramm auf.

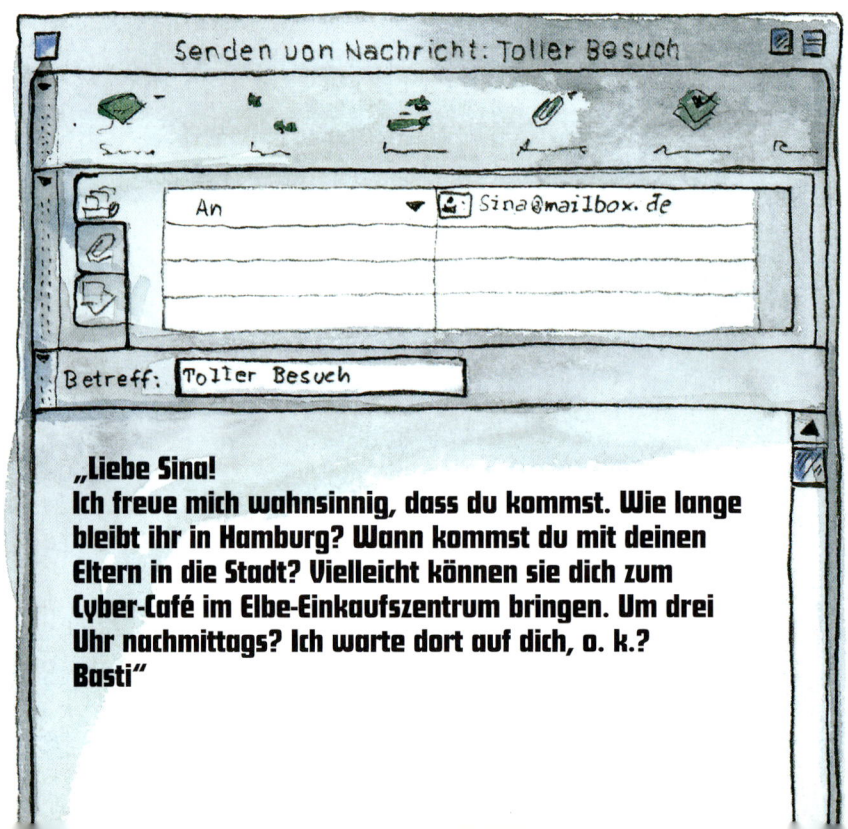

Senden von Nachricht: Toller Besuch

An ▼ Sina@mailbox.de

Betreff: Toller Besuch

„Liebe Sina!
Ich freue mich wahnsinnig, dass du kommst. Wie lange bleibt ihr in Hamburg? Wann kommst du mit deinen Eltern in die Stadt? Vielleicht können sie dich zum Cyber-Café im Elbe-Einkaufszentrum bringen. Um drei Uhr nachmittags? Ich warte dort auf dich, o. k.?
Basti"

Am nächsten Tag sitzt Basti ganz nervös im Cyber-Café. Seine Mutter hat ihn hingebracht und ist einkaufen gegangen. „Damit ihr euch erst mal in Ruhe beschnuppern könnt", sagt sie lächelnd – und weg ist sie.

Basti nippt gerade an seiner Cola, als sich die Tür schon wieder öffnet. Ein Mädchen spaziert herein. Die Eltern kommen hinterher. Als das Mädchen auf Bastis Tisch zuläuft, ist alles klar. Sinas Eltern lächeln. „In einer Stunde sind wir zurück. Ihr könnt jetzt erst mal Pläne schmieden." Und weg sind sie.

Basti und Sina starren sich an. „So siehst du also aus!"

Sina scheint zufrieden. Basti ist es sowieso. Sie sieht genauso aus wie auf dem gemailten Foto.

„Was machst du denn in den Ferien?", fragt sie. „Wir haben ein Ferienhaus in Dänemark gemietet – komm doch mit!"

In dem Moment weiß Basti, dass er eine echte Freundin gefunden hat.

So ein Zirkus!

„So ein Zirkus!", sagt Frau Brüning jedes Mal, wenn der Radau in der 3a zu groß wird. „Hier geht's ja drunter und drüber."

„Ist das im Zirkus wirklich so?", kräht Flo. „Dann will ich auch dorthin!"

„Beim Zirkus zu leben ist nicht so einfach", lacht Frau Brüning. „Dazu gehört mehr als nur Tumult. Da fällt mir eine nette Hausaufgabe für euch ein. Jeder von euch schreibt etwas über das Leben von Zirkuskindern."

„Zirkuskinder? Wie sollen wir das rauskriegen?", fragt Tobi in der Pause.

Jan mault: „Am besten, du fragst welche. Nur leider ist gerade kein Zirkus in der Stadt."

Plötzlich hat Lara eine Idee: „Der Schulcomputer! Garantiert finden wir im Internet alle Informationen, die wir brauchen."

Nachmittags nach den Sport-AGs trifft

sich die Klasse geschlossen vor dem Computerraum. Herr Carstens, der Informatiklehrer, staunt: „Was wollt ihr denn hier?"

„Wir müssen im Internet nach Informationen suchen. Für einen Hausaufsatz über Zirkuskinder", erklärt Tim.

Herr Carstens hat ein Einsehen. Rasch zeigt er den Kindern, wie sie bestimmte Auskünfte suchen können. Schnell haben sie eine ganze Liste von Internet-Adressen zum Thema „Zirkus".

„Schaut mal da!", ruft Maike. „Zirkus Trapponi: Ein Wanderzirkus stellt sich vor. Das ist es!"

Ein Doppelklick mit der Maus genügt,
und die Kinder reißen die Augen auf: Auf
dem Bildschirm ist ein dunkelroter
Samtvorhang zu sehen, der mit goldenen
Fransen geschmückt ist. Als Lara ihn
anklickt, geht er langsam auf. Dazu ertönt
ein Tusch – wie bei einer richtigen
Zirkusvorstellung!

Nun sieht man eine Manege, in der drei Seehunde posieren. Sie sitzen auf kreisrunden, kleinen Podesten. Gestützt auf ihre Schwanzflossen, falten sie die Vorderflossen vor der Brust und blicken nach oben. Auf ihren Nasenspitzen balancieren sie große, bunte Bälle. „Zirkusleute" steht auf dem ersten Ball, „Zirkustiere" auf dem zweiten und „Tourneeprogramm" auf dem dritten.

Tina überschlägt sich fast vor Begeisterung: „Schaut mal: Auf dem ‚Zirkusleute'-Ball ist ein Seiltanz-Mädchen abgebildet! Klickt das mal an! Hier erfahren wir bestimmt, was wir wissen wollen."

So ist es auch. Hinter dem Ball verbergen sich ein Gruppenfoto der Artisten und viele Einzelaufnahmen, die sie in ihrem Alltag zeigen. Gino Toldo stellt sich zum Beispiel als Clown vor: mit Knollennase, roter Wuschelperücke, bunter Pumphose und übergroßen

Schuhen – und dann noch ganz „normal".
Da sieht derselbe Mann vollkommen
anders aus: dunkelhaarig, mit einem
strengen Scheitel und im grauen Anzug.

Maria Toldo ist zu sehen als Pferde-
dompteurin im Glitzerdress und mit
Federn auf dem Kopf – und privat als
nette Mami in Jeans. Elvira Toldo, die
Tochter, interessiert die Klasse natürlich
am meisten: Einmal sitzt sie im rosa
Pailletten-Body auf dem Trapez, das
andere Mal sieht man sie mit Jeans und
T-Shirt auf dem Weg zur Schule. Ihre
Klasse ist im Wohnmobil von Dr. Rosmuth
untergebracht. Er ist Privatlehrer, reist von
April bis Oktober mit dem Zirkus Trapponi
herum und unterrichtet die zwölf Zirkuskinder.

Wenn es zu kühl wird, um Zuschauer ins Zelt zu locken, zieht der Zirkus ins Winterquartier. Ein halbes Jahr lang wohnen die Trapponis, die Toldos und ihre Kollegen dann auf dem Campingplatz von Bergedorf. Dort gehen die Zirkuskinder richtig zur Schule – jedes in die passende Jahrgangsstufe. Dr. Rosmuth sorgt im Sommer dafür, dass sie den Anschluss an „ihre" Klassen in Bergedorf nicht verpassen. Um seinen Schülern möglichst viel zeigen zu können, hat er immer seinen Laptop mit Internet-Anschluss dabei. Schließlich kann er in seinem Wagen nicht all die Wandkarten, Tiertafeln und Filme unterbringen, die es in einer „normalen" Schule gibt. Zusammen mit seinen Schülern hat er den Zirkus Trapponi im Internet präsentiert. Nun kann man die Zirkuskinder im Computer ansehen und eine Menge über ihren Alltag erfahren.

Die 3a nutzt ihre Chance und hinterlässt

mit ihren Aufsätzen über die Zirkuskinder
einen sensationellen Eindruck bei Frau
Brüning. Die Lehrerin strahlt: „Fantastisch!
Ihr habt Elvira und ihre Freunde so gut
beschrieben, dass man meint, ihr kennt
sie persönlich. Schade, dass das nicht
wirklich so ist."

Das ist der zündende Satz. Tobi stößt

Jan an, Lara und Maike reißen die Augen
auf, und Eva streckt den Arm in die Höhe
und schnalzt mit den Fingern. Alle haben
denselben Gedanken: Sie müssen Elvira
und die anderen einfach kennen lernen.

„Das Schulfest!" Tim schreit es heraus,
und alle rufen durcheinander: „Ja! Wir
laden sie ein, dabei zu sein!"

Noch am selben Nachmittag schreiben
sie eine E-Mail an den Zirkus:

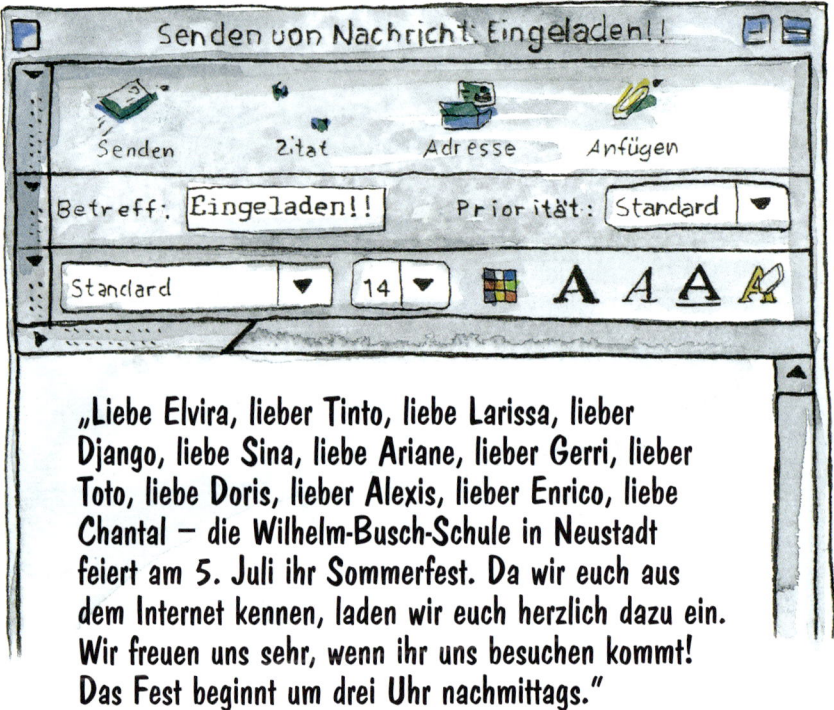

Senden von Nachricht Eingeladen!!

Senden   Zitat   Adresse   Anfügen

Betreff: Eingeladen!!   Priorität: Standard ▼

Standard ▼   14 ▼   ▦ A A A A

„Liebe Elvira, lieber Tinto, liebe Larissa, lieber
Django, liebe Sina, liebe Ariane, lieber Gerri, lieber
Toto, liebe Doris, lieber Alexis, lieber Enrico, liebe
Chantal – die Wilhelm-Busch-Schule in Neustadt
feiert am 5. Juli ihr Sommerfest. Da wir euch aus
dem Internet kennen, laden wir euch herzlich dazu ein.
Wir freuen uns sehr, wenn ihr uns besuchen kommt!
Das Fest beginnt um drei Uhr nachmittags."

Schon bald laufen die Vorbereitungen fürs
Schulfest auf Hochtouren. Ein Zelt wird im
Schulhof aufgebaut, denn die Schule will
Zirkus spielen. Viele Wagen mit leckerem

Essen sind bestellt. Von Kebab, Paella
und Pizza bis zu Softeis, Popcorn und
Zuckerwatte. Im Zeichenunterricht werden
Stoffbahnen bemalt, die vor dem Zelt-
eingang drapiert werden sollen. Im Musik-
unterricht studiert eine Gruppe von
Kindern fröhliche Zirkusmusik ein, und im
Sportunterricht üben sie Handstand,
Flickflack und andere Kunststücke. Alle
fiebern dem 5. Juli entgegen. Jeden Tag
rennt die 3a zu Herrn Carstens, um zu
sehen, ob auf dem Schulcomputer schon

eine E-Mail vom Zirkus Trapponi eingegangen ist. Nichts, nichts und wieder nichts!

Am 5. Juli sind Tobi, Eva, Jan, Tim, Tina, Lara, Maike und die anderen gut vorbereitet, aber traurig. Wahrscheinlich ist der Zirkus Trapponi einfach zu weit weg, um zu ihrem Fest zu kommen. Oder Dr. Rosmuth hat keinen Anschluss für seinen Laptop gefunden und die Einladungs-Mail gar nicht lesen können. Klar: ohne Anschluss-Stecker kein Internet, ohne Internet keine E-Mail. Die Zirkusleute sind ja darauf angewiesen, dass sie ihren Computer an das Telefonnetz anschließen können.

Das Schulfest beginnt ganz anders, als die Kinder gehofft haben. Die Zirkusmusik klingt wie ein Trauermarsch, Clown Tobi schleicht herein wie ein begossener Pudel, Maike und Lara turnen in der Manege herum wie zwei alte Jammerlappen – es ist zum Weinen.

Plötzlich geht der Bettlaken-Vorhang noch einmal auf, ein bunt glitzerndes Etwas schießt herein, und hinterher kommt eine große, fröhliche Meute. Es sind Elvira und Ariane, Tinto, Alexis und alle Trapponi-Kinder, die mit Salto-Sprüngen, Überschlägen und Purzel-bäumen die Manege stürmen. Sofort ist vergessen, dass sie die E-Mail nicht beantwortet haben, denn nun sind sie da!

Und wie! Die 3a wird von ihrer Begeisterung mitgerissen, sodass man echte und falsche Zirkuskinder kaum noch auseinander halten kann. Es wird ein wunderschönes Fest, von dem alle noch lange, lange schwärmen werden.

Tausche Rasen mähen gegen Fahrrad putzen!

Ronnie war hin- und hergerissen. Natürlich freute er sich auf das Ferienlager. Zwei Wochen lang auf einer Burg im Wald zusammen mit der ganzen Klasse, das war schon prima!

Andererseits hieß das, dass Frau Kästner so lange ohne ihn klarkommen musste. Die alte Dame war gehbehindert und konnte nicht selbst einkaufen. Irgendwann hatte Ronnie angefangen, ihr die paar Dinge zu besorgen, die sie brauchte: Kaffee, Milch, Zucker, Brot, Butter, Marmelade und so weiter. Frau Kästner bedankte sich auf ihre Weise. Sie war zwar schlecht zu Fuß, aber flink im Kopf – und mit dem Mund. So erzählte sie dem staunenden Ronnie jede Menge Geschichten aus ihrem Leben: Wie sie als junge Frau mit ihrem Mann, einem Trompeter, herumgereist war. Was sie für

Menschen getroffen hatte. Was die
Spanier am liebsten aßen, wie das Wetter
in England war. Wie die Autos früher
aussahen. Und noch viel mehr.

Nun sollte sie vierzehn Tage allein
zurechtkommen. Einen halben Monat!
Oje, oje. Ronnie war ratlos.

Olli, sein Bruder, maulte: „O. k., o. k., ich übernehme das, wenn es sein muss. Aber aufs Geschichtenerzählen bin ich gar nicht scharf. Mir wäre es lieber, wenn mir jemand mein Fahrrad putzen würde. Dafür würde ich sogar Rasen mähen."

Ronnie sagte gar nichts, aber er hatte eine Idee. Zum Glück war er Computerfan und hatte im Wahlkurs „Internet" gut aufgepasst. Im „Kinder-Net" seiner Schule gab es ein „Forum". Das war eine Art schwarzes Brett, auf dem alle Kinder ihre Nachrichten hinterlassen konnten. Ronnie

schrieb zwei Nachrichten. Erstens: „Nette alte Frau braucht jemanden, der ihr die Einkäufe erledigt. Dafür gibt's tolle, aufregende Geschichten." Zweitens: „Tausche Rasen mähen gegen Fahrrad putzen."

Als die Nachrichten im Kinder-Net auftauchten, lag Ronnie mit einer Erkältung im Bett. So bekam er die Reaktion seiner Mitschüler gar nicht mit. Drei Tage später saß er am Schulcomputer und klickte das Kinder-Net an. Das sah ja ganz verändert aus!

„Tauschbörse" stand jetzt in großen roten Buchstaben über der Startseite, und darunter ging es rund.

„Einkaufen gegen Geschichten erzählen" und „Rasen mähen gegen Fahrrad putzen" stand da, das war klar. Doch es ging weiter: „Hund ausführen gegen Kuchen backen", „Torwarttraining gegen Mathe-Nachhilfe", „Ponystall ausmisten gegen Haare schneiden", „Gitarrenunterricht gegen Vogelhaus bauen".

Die Liste war ellenlang. Jeder schien irgendetwas anzubieten, das er für andere erledigen wollte, wenn er dafür eine ganz bestimmte Gegenleistung bekam. Und es war leicht, einen Tauschpartner zu finden. Wer Kuchen backen konnte, aber zu faul war, ständig mit seinem Hund Gassi zu gehen, klickte einfach auf „Hund ausführen gegen Kuchen backen" und schrieb dem Anbieter eine E-Mail. Schon war der Kontakt hergestellt, und man konnte sich treffen.

In Ronnies E-Mail-Briefkasten lagen drei Nachrichten: Ein Mädchen und ein Junge wollten für Frau Kästner einkaufen und dafür ihre Geschichten hören, ein anderer Junge war heilfroh, dass jemand ihm das Rasenmähen abnehmen wollte. Dafür würde er „alle Fahrräder der Stadt putzen", schrieb er.

Ronnie war begeistert. Bei seinem nächsten Besuch erzählte er Frau Kästner, was er da angefangen hatte.

„Zwei Kinder aus meiner Schule werden für Sie einkaufen, bis ich wieder da bin", sagte er. „Sie freuen sich schon auf Ihre Geschichten." Dabei packte er Milch und Butter in den Kühlschrank. So konnte Frau Kästner nicht sehen, wie er grinste.

Er war ganz schön stolz auf sich:
Ronnie Wallmann, Begründer der
„Tauschbörse im Kinder-Net". Wow!

Margot Scheffold wurde 1965 in Franken geboren. Heute lebt sie in München und arbeitet beim Fernsehen. Als sie noch zur Schule ging, bastelte sie Bücher für ihre kleine Schwester. Später wurde sie Redakteurin bei einer Internet-Agentur. Weil sie findet, dass das Internet eine spannende Sache ist, hat sie diese Geschichten geschrieben.

Anne Wöstheinrich, geboren 1969, studierte Grafik-Design in Münster. Schon als Kind hat sie sich die Zeit mit Bildern vertrieben. Heute illustriert sie Kinder-, Jugend- und Schulbücher. Ihre beiden Töchter liefern ihr dafür viele Einfälle und Ideen.

Leselöwen

Jede Geschichte ein neues Abenteuer